赓续传统友谊，开创中越命运共同体建设新征程

——会见中越两国青年和友好人士代表时的讲话

（2023年12月13日，河内）

习　近　平

人民出版社

赓续传统友谊，开创中越命运共同体建设新征程

——会见中越两国青年和友好人士代表时的讲话

（2023年12月13日，河内）

中共中央总书记、中华人民共和国主席　习近平

尊敬的阮富仲总书记、吴氏敏女士，

中越两国的同志们、青年朋友们，

大家下午好！

很高兴同大家见面。时隔6年再次访问美丽的越南，看到热情洋溢的你们，我感到格外高兴。今天在座的有不少长期致力于中越友好的老朋友，也有很多年轻的新朋友。我代表中国

党和政府，向你们致以亲切问候！

昨天，我同阮富仲总书记一道宣布构建具有战略意义的中越命运共同体，开启了中越两党两国关系发展新阶段。这是我们从振兴世界社会主义和实现中越两国长治久安出发作出的重大战略决策，深深植根于中越传统友好，符合两国人民共同利益和共同愿望。

回首过去，我们志同道合、守望相助。近代以来，中越两党和两国人民坚守共同理想信念，在争取国家独立和民族解放事业进程中风雨同舟、相互支持。胡志明主席在中国开展革命活动长达12年，先后在广州创立越南青年革命同志会，在香港成立越南共产党。他还长期在云南、广西等地指导越南革命，广西龙州县村民农其振曾冒着生命危险掩护胡志明主席。胡志明主席在广西写下了著名的《告越南同胞书》，并于1945年从那里回到越南，领导“八月革命”取得胜利，成立了越南民主共和国。在越南抗法、抗美救国斗争中，1400多名中国将士英勇牺牲，长眠在越南的广袤土地上。广西桂林南溪山医院救助了5000多名受伤的越南战士，育才学校为越南培养了1万多名学生。越南同样积极支持中国革命，洪水将军投身广州起义，参加中国红军长征，是赫赫有名的“两国将军”。胡志明主席的著名诗句“越中情谊深、同志加兄弟”，成为两国人民对那段峥嵘岁月难以磨灭的历史记忆。

立足当下，我们初心如磐、合作共赢。建立全面战略合作伙伴关系15年来，中越两党坚持以人民为中心，大力推进互利合作，给两国人民带来实实在在的利益。新时代以来，中越两党总书记两次实现互访，有力引领中越关系健康稳定发展。不久前，阮富仲总书记专程赴两国边境友谊口岸种下“友谊树”，体现了对中越关系的特殊重视。双方发挥双边合作指导委员会统筹协调作用，推动两党理论研讨会、边境国防友好交流、两国公安部合作打击犯罪会议等30多个合作机制同向发力，有效促进治党治国经验交流合作，为各自国家工业化现代化建设注入了强劲动力。

中国长期是越南最大贸易伙伴，越南是中国在东盟最大贸易伙伴和全球第四大贸易伙伴国。随着中越国际班列开行、智慧口岸启动建设，陆地边境口岸互联互通加快推进，荔枝、榴莲、火龙果等越南优质农产品大量销往中国，中国出口的原材料和机械设备也有力支持了越南制造业发展，促进了越南出口能力提升。中国企业承建的河内轻轨2号线，已经累计载客近2000万人次，为河内市民出行提供了便利。中国企业在越南建成海外最大光伏产业集群，在河内等地投建多个垃圾发电项目，助力越南工业化现代化建设所需的能源保障。

中越德天（板约）瀑布跨境旅游合作区成功试运营。中国全国政协和越南祖国阵线中央暨边境省份友好交流、中越边民大联欢等活动开展得有声有色。中国传统经典名著在越南家喻户晓，中国当代影视作品也深受越南民众喜爱。越南流行歌曲在中国社交媒体传播，越南歌手在中国综艺节目中收获大批中国“粉丝”。富有成效的交往和合作增进了两国民心民意相通。

展望未来，我们前途相关、命运与共。面对变乱交织的世界，我提出构建人类命运共同体理念和全球发展倡议、全球安全倡议、全球文明倡议，旨在推动世界各国携手应对全球性挑战。当前，中国正在以中国式现代化全面推进强国建设、民族复兴伟业。我们追求的不是独善其身的现代化，将坚定不移走和平发展道路，坚持与邻为善、以邻为伴的周边外交方针和亲诚惠容的周边外交理念，让中国式现代化更多惠及周边国家。越南正在大力推进工业化现代化建设，朝着建党建国100年时的两个奋斗目标迈进。

同志们、青年朋友们！

中越友好的根基在人民、未来在青年。我愿提3点希望。

希望你们同做中越友谊的传承者，为构建具有战略意义的中越命运共同体贡献力量。今天的中国和越南，已经用经济社会发展的显著成就，雄辩地向世界证明，我们选择的发展道路完全正确，我们两国加强团结合作有利于各自社会主义事业发展。希望两国各界友好人士特别是青年一代成为中越友好征程的领跑者，为实现各自国家百年奋斗征程和构建具有战略意义的中越命运共同体贡献力量。

希望你们争当亚太振兴的参与者，为亚太地区长治久安添砖加瓦。中国改革开放和越南革新事业取得巨大成就，既是自身奋斗的结果，也得益于和平、开放、包容的亚太地区。亚太是我们安身立命之所，是全球经济增长动力之源，开放包容、合作共赢才是人间正道。我们要高举亚太共同体旗帜，汇聚更多团结奋进的正能量，共同为建设和谐繁荣的亚太地区作出更大贡献。

希望你们敢为人类进步的开拓者，为构建人类命运共同体不懈奋斗。中越两党都是胸怀天下的马克思主义政党，中越两国都是国际社会负责任的成员，两国应该成为推进人类进步事业的中坚力量。构建人类命运共同体这个宏伟目标，需要一代又一代人接力跑才能实现。我们要以更广大的胸怀、更宽阔的视野担起时代责任，为维护国际公平正义发声，为推动全球发展进步出力。

同志们、青年朋友们！

越南谚语说："世事多变迁，唯有此心坚"。不忘来时路，方知向何行。中越两国社会主义事业发展壮大的艰辛历程和辉煌成就充分表明，中越加强团结合作是我们战胜前行道路上一切风险挑战、不断从胜利走向胜利的重要历史经验。展望未来,我们要始终不忘初心,牢记使命,携手走好各自社会主义道路,让工业化现代化建设成果更多惠及两国人民,共同为人类进步事业作出更大贡献。

谢谢大家。

图书在版编目(CIP)数据

赓续传统友谊,开创中越命运共同体建设新征程:会见中越两国青年和友好人士代表时的讲话/习近平 著. —北京:人民出版社,2023. 12

ISBN 978 - 7 - 01 - 026280 - 2

Ⅰ. ①赓… Ⅱ. ①习… Ⅲ. ①习近平-讲话-学习参考资料 ②中越关系-研究 Ⅳ. ①D2 - 0②D822.333.3

中国国家版本馆 CIP 数据核字(2023)第 252408 号

(RMC - ZJDXI - 140 - 20231213)

赓续传统友谊,开创中越命运共同体建设新征程

GENGXU CHUANTONG YOUYI

KAICHUANG ZHONGYUE MINGYUN GONGTONGTI JIANSHE XINZHENGCHENG

——会见中越两国青年和友好人士代表时的讲话

(2023 年 12 月 13 日)

习 近 平

人民出版社 出版发行

(100706 北京市东城区隆福寺街 99 号)

北京新华印刷有限公司印刷 新华书店经销

2023 年 12 月第 1 版 2023 年 12 月北京第 1 次印刷

开本:880 毫米×1230 毫米 1/32 印张:0.5

字数:6 千字

ISBN 978 - 7 - 01 - 026280 - 2 定价:2. 50 元

邮购地址 100706 北京市东城区隆福寺街 99 号

人民东方图书销售中心 电话 (010)65250042 65289539